Draw &
Colour This:

Draw & Colour This:

Draw & Colour This:

Draw & Colour This:

Draw & Colour This:

Draw & Colour This:

Draw & Colour This:

Draw & Colour This:

Draw & Colour This:

Draw & Colour This:

Draw & Colour This:

Draw & Colour This:

Draw & Colour This:

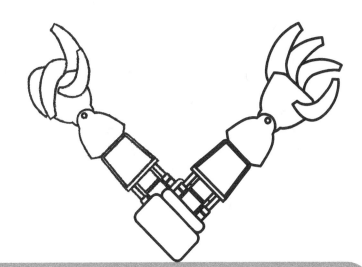

Draw & Colour This:

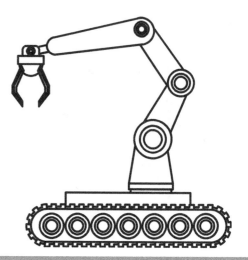

Draw & Colour This:

Draw & Colour This:

Draw & Colour This:

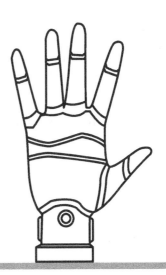

Draw & Colour This:

Draw & Colour This:

Draw &
Colour This:

Draw & Colour This:

Draw & Colour This:

Draw & Colour This:

Draw & Colour This:

Draw & Colour This:

Draw & Colour This:

Draw & Colour This:

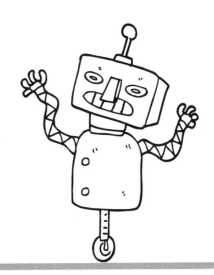

Draw & Colour This:

Draw &
Colour This:

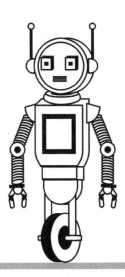

Draw & Colour This:

Draw & Colour This:

Draw &
Colour This:

Draw & Colour This:

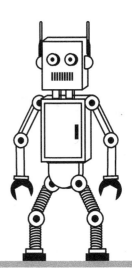

Draw & Colour This:

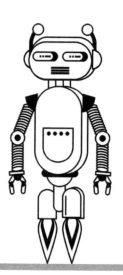

Draw & Colour This:

Draw & Colour This:

Draw & Colour This:

Draw & Colour This:

Draw & Colour This:

Draw & Colour This:

Draw & Colour This:

Draw & Colour This:

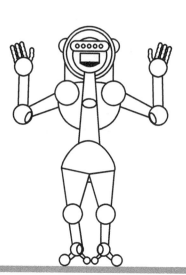

Draw & Colour This:

Draw & Colour This:

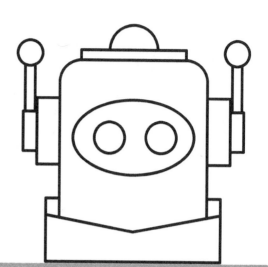

Draw & Colour This:

Draw & Colour This:

Draw & Colour This:

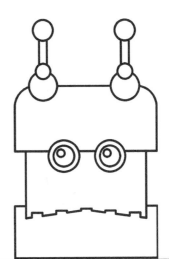

Draw & Colour This:

Draw & Colour This:

Draw & Colour This:

Draw & Colour This:

Draw & Colour This:

Draw & Colour This:

Draw & Colour This:

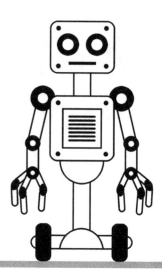

Draw & Colour This:

Draw & Colour This:

Draw & Colour This:

Draw & Colour This:

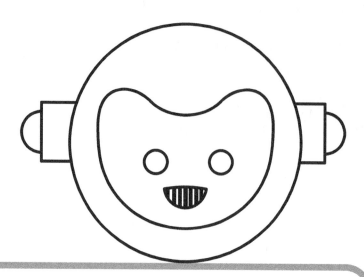

Draw & Colour This:

Draw & Colour This:

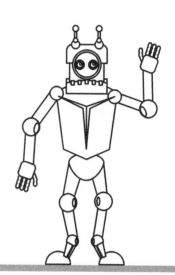

Draw & Colour This:

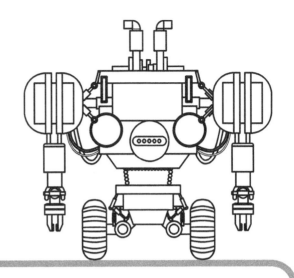

Draw & Colour This:

Draw & Colour This:

Draw & Colour This:

Draw & Colour This:

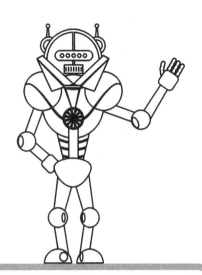

Draw & Colour This:

Draw & Colour This:

Draw & Colour This:

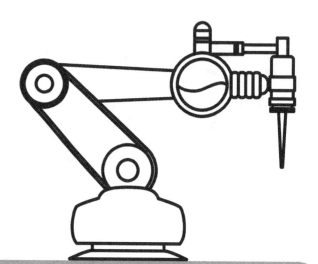

Draw & Colour This:

Draw & Colour This:

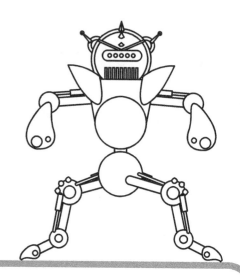

Draw & Colour This:

Draw & Colour This:

Draw &
Colour This:

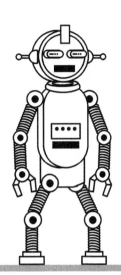

Draw & Colour This:

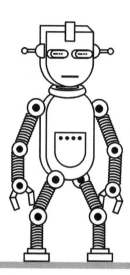

Draw & Colour This:

Draw & Colour This:

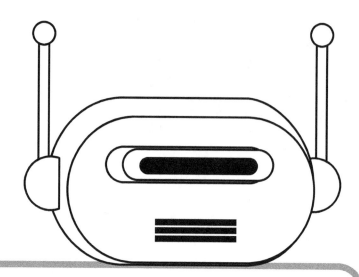

Draw & Colour This:

Draw & Colour This:

Draw & Colour This:

Draw & Colour This:

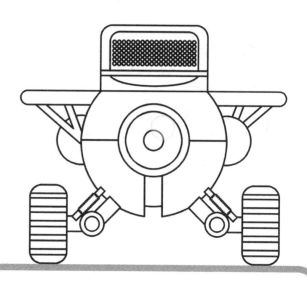

Draw & Colour This:

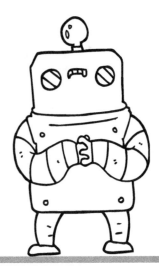

Draw & Colour This:

Draw & Colour This:

Draw & Colour This:

Draw & Colour This:

Draw & Colour This:

Draw & Colour This:

Draw & Colour This:

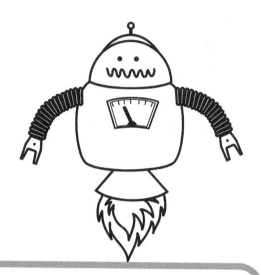

Draw & Colour This:

Draw & Colour This:

Draw & Colour This:

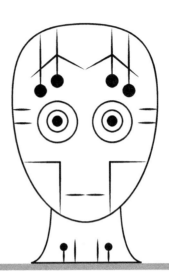

Draw & Colour This:

Draw & Colour This:

Draw & Colour This:

Draw &
Colour This:

Draw & Colour This:

Draw & Colour This:

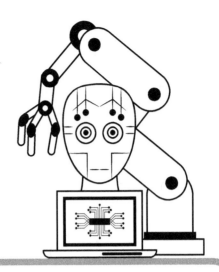

Draw & Colour This:

Draw & Colour This:

Draw & Colour This:

www.ingramcontent.com/pod-product-compliance
Lightning Source LLC
LaVergne TN
LVHW081700050326
832903LV00026B/1846